UN MOT
AUX ÉLECTEURS,

PAR

M. TIXIER-DE-LA-CHAPELLE,

ANCIEN DÉPUTÉ.

AUBUSSON,

IMPRIMERIE DE L.-S. BOUYET, LIBRAIRE.

1830.

UN MOT
AUX ÉLECTEURS,

PAR UN

AMI DE LA CHARTE.

L'Administration de M. de Villèle a dominé les pouvoirs politiques pendant tout le tems de sa durée.

Elle a dicté aux chambres la loi du sacrilége, en faveur du parti-prêtre ; la loi d'indemnité, en faveur de l'émigration ; et celle du droit d'aînesse, au profit de la noblesse.

Ennemie de nos droits et de nos institutions, elle s'est faite l'alliée des puissances étrangères, en conspirant avec elle contre la gloire de nos armes et l'indépendance nationale ; elle leur a prodigué nos trésors, et encouragé leurs injures.

Elle a fait une guerre continuelle à la presse, coupable de démasquer ses manœuvres ; elle a dissout la garde nationale parisienne, protectrice née des personnes et des propriétés, et fait fusiller, dans les rues de Paris ses paisibles habitans.

Vouée aux débris du parti féodal et théocra-

tique , elle a tout fait pour lui rendre son an‑
tique ascendant.

Elle y eût réussi, si, en lui livrant les fran‑
chises et les libertés publiques , elle eût pu lui
donner les forces nécessaires pour les comprimer.

Employant alternativement la fraude et la sé‑
duction , la violence et la corruption , elle s'est
aveuglée au point de croire qu'une nation qui
avait conquis ses droits par la force , ne saurait
pas maintenir les institutions qui les garantissent,
par la fermeté de ses résolutions.

Aventureuse autant que perfide , elle n'a pas
reculé devant les désordres et les agitations que
devaient produire ces imprudentes provocations ;
elle n'a pas craint d'exposer les destinées de la
monarchie aux chances périlleuses de la contre‑
révolution , et de l'associer , encore une fois ,
à des intérêts politiques de caste ou de secte.

Voilà ce qu'a fait l'administration de M. de
Villèle. Il a joui de la réputation d'un homme
fort adroit : jugeons-en par les services qu'il a
rendus à son parti :

Il a usé de violence pour vaincre les résistances
qu'il éprouvait ; mais ceux qu'il a frappé de sa dis‑
grâce en ont été dédommagés par les suffrages
de leurs concitoyens ;

Il a employé la corruption ; mais tous les
hommes pour lesquels l'honneur est le premier
des biens ont déserté sa bannière ; il a fait à
son parti toutes les concessions qu'il a exigées ;
mais pour le satisfaire , il a blessé les intérêts
généraux, les droits reconnus par la charte ;
toutes les oppositions se sont réunies , par le
besoin d'une défense commune , toutes les opi‑

nions se sont rapprochées et confondues dans le même symbole politique.

M. de Villèle a annoncé qu'il jouerait cartes sur table ; il a tenu parole ; mais son enjeu a été bientôt connu ; l'on a bientôt vu le dessous des cartes , et dès ce moment sa partie a été perdue ; il était découvert, il ne pouvait plus tromper personne.

Tout autre que lui se serait retiré , comme le font ses pareils lorsque le charme est rompu; mais M. de Villèle s'était enivré à la coupe du pouvoir , et, pour lui, l'illusion subsistait encore lorsqu'il ne pouvait plus en imposer à personne.

Il comptait sur la division des partis qui avait fait sa force ; mais cette division ne subsistait plus ; l'horreur du despotisme et de l'arbitraire avait réuni tous les Français.

Il comptait sur la séduction et sur la corruption; il les avait employées avec succès auprès de quelques intrigans ; mais elles étaient impuissantes auprès de quatre-vingt mille propriétaires peu disposés à échanger les garanties de leurs personnes et de leurs propriétés contre des trésors, des places , ou des cordons.

Qui sait si , pour dernière ressource , il ne comptait pas sur la force matérielle ; mais que pouvait-elle contre une opposition fondée sur les lumières , sur les besoins et sur la volonté de tout une nation?

Cependant telle était la confiance de M. de Villèle dans ses propres forces, et la sécurité dans laquelle ses flatteurs l'entretenaient, qu'il n'a rien moins fallu pour l'arracher à son aveuglement que l'arrêt prononcé contre lui par les colléges électoraux, et qu'il n'a cédé que lorsque l'organe légal et irrésistible de la volonté nationale la eu irrévocablement condamé.

Bien que les élections de 1827 ne répondissent point complètement à l'attente nationale, elles n'en furent pas moins la contre-partie de celles de 1824; les premières avaient consolidé l'administration de M. de Villèle, celles de 1827 provoquèrent sa chute et la nomination d'un ministère réparateur. La congrégation dominait dans la chambre de 1824, elle y comptait 500 représentans.

La majorité de celle de 1827 se composa de 270 députés constitutionnels et indépendans. Cette majorité fut la première depuis la restauration, qui fut l'expression de la volonté nationale; pour la première fois la nation fut réellement représentée et ses droits et ses intérêts confiés à des mendataires de son choix.

Mais pendant quatre sessions la chambre de 1824 avait été sous la dépendance du despotisme administratif; elle avait obéi à la direction qu'il lui avait donnée, elle l'avait secondé dans toutes ses attaques contre les libertés publiques; elle avait perfidement tourné contre la nation les armes qu'elle lui avait données pour la défendre.

Le ministère, appuyé sur une législature qui était à sa discrétion, profita de l'ascendant qu'il exerçait sur la majorité pour accroître et consolider la puissance de la faction qui l'avait promu au pouvoir.

Ce n'était point, en effet, les ordres anciens, le clergé, la noblesse, les parlemens, les états

provinciaux , tels qu'ils existaient autrefois, que
le ministère cherchait à rétablir ; c'était une révolution mesquine et ministérielle qu'il voulait
faire ; c'était une coterie privilégiée , un jésuitisme intolérant qu'il voulait substituer aux anciens
pouvoirs intermédiaires. C'était une représentation
décolorée et rebutante de l'ancien régime , qu'il
voulait donner pour forces défensives à la monarchie ; c'était son joug honteux qu'il voulait
imposer à la France indignée de voir réunies
tant d'inepties à tant de mauvaise volonté , étonnée de se trouver de nouveau en présence d'une
faction nulle par elle-même , plus étonnée encore de voir les conseillers du trône lui prêter son
appui.

Telles étaient les dispositions des esprits à
l'ouverture de la session de 1828. La nation es-
pérait que la nouvelle chambre mettrait un terme
à la crise provoquée par le ministère ; elle comptait sur le patriotisme dont étaient animés les
membres connus de la majorité ; elle comptait
surtout sur l'impulsion donnée à l'opinion publique par les colléges électoraux ; elle pensait
que la chambre prendrait franchement , énergi-
quement , le rang que la charte lui a assigné
dans l'organisation politique : d'abord , en fe-
sant peser tout le poids de la responsabilité sur
un ministère coupable d'avoir attenté aux lois
fondamentales de notre monarchie ; 2° en réta-
blissant l'équilibre entre les pouvoirs , seul moyen
d'arracher la charte au marasme dans lequel elle
languissait , et de donner de la force et de la
vigueur à toutes nos institutions politiques.

Les premières lois qui émanèrent de la chambre

de 1827 satisfirent l'opinion publique : la cen-
sure fut ensevelie pour jamais sous la honte et
l'infamie qu'elle avait si justement méritées;la presse
fut affranchie de toute espèce de mesures pré-
ventives ; les écrits , comme tous les autres actes
de la vie , furent déclarés libres et justiciables
seulement des tribunaux criminels.

Les colléges électoraux, délivrés de l'influence
de MM. les préfets, n'eurent plus à craindre de
voir se renouveler ces basses intrigues , ces
fraudes criminelles qui avaient signalé les deux
dernières élections.

Tous ceux qui avaient droit d'être électeurs
furent assurés de l'être ; l'exercice de ce droit
ne put plus devenir une munificence préfec-
torale ; le pourvoi de toutes les décisions des
préfets, devant les cours royales , réduisit leurs
fonctions à être purement administratives.

Mais là s'arrêtèrent les succès de la majorité
constitutionnelle ; là, cessa l'impulsion donnée par
les colléges électoraux.

Pendant la session de 1828 , parurent deux
ordonnances sur l'instruction publique ; mais la
France ne demandait point d'ordonnances ,
mais bien la loi qui lui était promise depuis
long – tems , et qui pouvait seule mettre un terme
à l'arbitraire des ordonnances. L'éducation publique avait varié au gré des passions de ceux
qui l'avaient dominée ; tantôt toute militaire ,
tantôt toute mystique, elle ne pouvait devenir
constitutionnelle et nationale qu'en vertu d'une loi.

L'éducation jésuitique était entrée dans le plan
de la faction qui voulait exploiter la restauration
à son profit.

Plier les jeunes intelligences aux dogmes des doctrines ultramontaines ; les assujétir de bonne-heure aux pratiques extérieures et minutieuses du monachisme ; leur imposer des obligations bigotes et pharisaïques comme des devoirs essentiels, c'était les préparer à l'obéissance passive ; en faire des disciples de l'absolutisme, c'était créer des soutiens au despotisme.

Ce plan était trop beau pour ne pas convenir à M. de Villèle, aussi son ministère fut-il l'âge d'or du clergé : sa puissance n'eut plus de limites ; celles que lui avaient imposées jusqu'alors les libertés gallicanes furent renversées, et, ce que l'on n'avait plus vu, son influence s'étendit sur toutes les places, sur tous les emplois ; il fallut sa recommandation pour les obtenir, son approbation pour les conserver. Par cette combinaison, bien digne du génie de M. de Villèle, l'hypocrisie pénétra dans l'administration comme principe de force.

Pour arrêter cet étrange débordement l'on choisissait un évêque. Pour remédier au mal fait par les ordonnances l'on persistait dans le même régime. Personne ne pouvait se méprendre sur les motifs qui les avaient dictées, sur les intentions de ceux qui les avaient rendues ; concertées avec le pape lui-même, elles étaient un sacrifice à l'opinion publique. Ce que l'on fesait par une ordonnance signée Feutrier, devait être annulé par une ordonnance signée d'un membre de la congrégation, aussitôt qu'elle aurait ressaisi le pouvoir.

Cependant telle était la roideur de la morgue épiscopale qu'elle ne voulut entendre à aucune

composition : *non possumus* , nous ne pouvons point, nous n'obéirons point, fut la réponse unanime de MM. les évêques.

Le gouvernement a traité de concessions les lois sur la liberté de la presse et sur les fraudes électorales ; s'il y eut une concession, et une concession bien étrange, ce fut celle du vote de 1,200,000 francs accordés aux petits séminaires pour prix de la rébellion de MM. les évêques.

Je ne fais que narrer les faits principaux de la session de 1828. Je me garde bien de blâmer les intentions de la majorité, elles étaient bonnes et conciliatrices ; mais fallait-il une nouvelle expérience pour savoir qu'il n'y a pas de conciliation possible avec l'obstination et la soif demesurée de la domination?

Le roi, en ouvrant la session de 1827, promit aux chambres une loi sur l'organisation municipale et départementale.

Peu de jours après elle fut apportée à la chambre élective par M. le ministre de l'intérieur; bien qu'elle fut dictée dans un esprit semblable à celui des ordonnances, qu'elle ménagea les susceptibilités ombrageuses de MM. du côté droit, qu'elle contrariat le moins possible leur ardent amour pour les places, elle n'en causa pas moins le soulèvement général de toute la congrégation. Le *non possumus* de MM. les évêques fut la réponse à la proposition royale. Pour elle, comme pour le clergé, l'obéissance au gouvernement n'est due qu'autant qu'il sert leur intérêt et ses passions.

Cette loi, quoique fort peu populaire en elle-même, n'en excita pas moins toute leur exaspération ; ils ne prirent plus conseil que de leur ressentiment, ils abandonnèrent le ministère ; et après avoir, pendant toute la discussion, accusé les membres du côté gauche de proposer et de soutenir des amendemens contraires à la prérogative royale, ils les votèrent avec lui. C'est ainsi que pour donner une nouvelle preuve de leur déférence aux volontés du monarque, ils le placèrent dans l'alternative ou de manquer à sa parole ou de compromettre les droits de sa couronne.

Le succès de cette misérable intrigue fut, comme l'on devait bien s'y attendre, le retrait de la loi ; il porta la joie et fit renaître l'espérance dans le cœur de tous les congréganistes ; la leçon des dernières élections fut bien vite oubliée et ne fut plus regardée que comme un léger échec facile à réparer.

Cependant le retrait de la loi n'apportait aucun changement aux vœux, aux besoins de la nation ; il était loin de calmer les esprits et de réprimer l'indignation générale : c'était tout simplement un nouvel obstacle dressé par les anciens ennemis des libertés publiques : les obstacles de cette espèce sont des moyens ; ils ont, de tout tems, doublé les forces nationales et assuré le triomphe complet du droit.

Quelque éphémère que fut celui du côté droit, il n'en donnait pas moins, pour le moment, gain de cause à la minorité ; il était une preuve de l'ascendant que la congrégation prenait sur le nouveau ministère ; la chambre, à moins de marcher sur les traces de celle de 1824, ne devait pas le souffrir ; en elle était la puissance virtuelle qui pouvait arrêter les nouveaux efforts du parti contre-révolutionnaire, elle devait s'en servir.

Les pouvoirs ne peuvent point agir comme les individus; la condescendance, les ménagemens n'ont rien de bien dangereux d'individu à individu, on en est quitte pour user de réserve à l'égard de celui qui paye d'ingratitude les services qu'on lui rend; mais il n'en est point ainsi de pouvoir à pouvoir : tout acte de condescendance et de ménagement est pris, par celui au profit duquel il tourne, pour un acte de faiblesse; l'un des deux ne peut abandonner son terrein sans que l'autre ne l'envahisse à l'instant; l'excès de puissance qui lui en revient rompt l'équilibre qui doit exister entr'eux; et jusqu'à ce qu'il soit rétabli, l'état est en proie au trouble et à l'agitation.

La majorité ne devait donc point céder à une minorité de 60 membres; toutes les nuances d'opinion qui la divisent devaient disparaître devant le besoin de maintenir son indépendance ; la loi ne devait point être présentée comme une concession excessive, pour disparaître comme une illusion trompeuse; la discussion ne devait point se passer en simulacres dérisoires. La loi, une fois présentée, devait être discutée, amendée, ou la chambre cessait d'être un pouvoir politique, et descendait au rôle secondaire de satellite d'un despotisme déguisé.

Si la chambre de 1827 eût fait usage des armes que la constitution avait placées dans ses mains, nous n'eussions pas vu le parti-prêtre rentrer une seconde fois en campagne, recommencer ses menaces, ses injures et ses folies qu'avait si honteusement protégées M. de Villèle. Mais quand ce parti crut que la chambre méconnaissait sa puissance, qu'elle abdiquait la prérogative, il renoua ses intrigues, recommença ses manœuvres ; il reprit l'offensive, et à peine eut-il obtenu le budget, à peine se vit-il débarrassé des chambres, qu'il assiégea le monarque de terreurs mensongères, qu'il se présenta comme le sauveur de la monarchie, et que, profitant d'un moment de surprise, il pénétra une seconde fois jusqu'au cœur de la place et y installa l'état-major de la contre-révolution. MM. les évêques entonnèrent le *Te Deum*, et la France y répondit par un cri unanime de stupeur et de réprobation.

Plus de concessions fut le premier mot d'ordre de cet étrange ministère : eh! qui donc en demandait à MM. d'Haussez, Guernon et Montbel que personne ne connaissait ? Que pouvait-on demander à des agens révocables du pouvoir royal, si ce n'est de faire exécuter les lois sous leur responsabilité ? Mais afin que l'on ne s'y trompât pas, ce mot d'ordre fut commenté et expliqué par toutes les théories du despotisme et de la tyrannie, et le ministère, ne se sentant pas encore à même de les mettre à exécution, s'en dédommagea par l'exagération des doctrines. Des doctrines dangereuses, émises par un publiciste, sont des utopies rejetées par l'opinion publique ; des doctrines qui ne ressortent point de la forme du gouvernement, destructives des lois et des libertés, émises par des conseillers du trône, constituent un crime de haute trahison. Et quand les trompettes du ministère nous menacent tous les jours de réactions et de coups-d'état ; quand ce

ministère, étonné de l'effervescence générale, con-
tenu par l'indignation publique, est forcé d'avoir
recours à la dissimulation , il a l'impudeur de
nous dire qu'il n'a rien fait et qu'il ne fera rien.

Quoi ! M. de Polignac, vous n'êtes pas le ministre de la faction à laquelle vous avez toujours ap-
partenu ! Quoi ! vous n'êtes pas le ministre de la
congrégation qui depuis quinze ans vous appelle
de tous ses vœux !

Si les faits ne répondent pas de suite à ce
qu'elle attendait de vous , le choix que vous faites
de vos principaux agens est assez expressif. Quoi .
de mieux ! quoi de plus significatif que les nomi-
nations de MM. Peyronnet, Berthier et Dudon !
Ils ont le rare talent de vous égaler en impopula-
rité.....!

Quoi ! ce n'est pas vous qui êtes le chef de cette
faction qui circonscrit le royalisme dans les bornes
étroites et abhorrées de la servitude et du jésuitisme?
Ce n'est pas vous qui proscrivez les plus anciens
amis de la monarchie comme des fauteurs de
trouble et de rebellion !

Ce n'est pas vous qui êtes venu à bout de circon-
venir le monarque , et d'empêcher la vérité de
l'approcher !

Ce n'est pas vous qui , lorsque les représentans
de la nation ont eu le courage de lui exposer
respectueusement qu'un ennemi acharné de nos
institutions était un intermédiaire suspect, un
médiateur dangereux entre le trône et le peuple,
les avez brutalement congédiés !

Ce n'est pas vous qui avez fait prononcer la
dissolution de la chambre !

Et vous dites que n'avez rien fait ! Vous

le voyez ! Vous dites que vous ne ferez rien ! que
nous n'avons pas à craindre de votre part ni trom-
perie , ni trahison ! et vous nous donnez pour
caution de votre parole M. le comte de Bour-
mont.... ! Heureusement que nous avons des garanties un peu plus rassurantes.

Nous ne sommes plus en 1789 ; presque tous
les défenseurs de l'antique monarchie, qui ne
purent alors empêcher sa chute , après quarante
ans de défaites et d'impuissance irrévocablement
sanctionnés par la charte , ne rêvent plus sa ré-
surrection. Ils sont aujourd'hui dans les rangs
constitutionnels , attachés au gouvernement représentatif , tel que Louis XVIII l'a reconnu, tel que
Charles X l'a juré.

Vous, le chef d'une faction composée des débris de tous les partis , sans plan, comme sans
adhérence , sans passé, comme sans avenir, dont
les membres n'ont entr'eux rien de commun qu'un
amour aveugle de domination...! que pouvez-vous
faire... ? Si , entraîné par elle, vous portiez une
main sacrilége sur un des pouvoirs de l'état, votre
chute serait aussi prompte que certaine; vous tom-
beriez devant le refus de l'impôt.

Mais si vous ne pouvez rien contre nos libertés ,
vous pouvez, prince , contre la monarchie; vous
la serrez, vous l'enlacez , vous l'isolez de toute part,
vous voulez la proportionner à votre taille, la fa-
çonner à l'usage du privilége et de l'inégalité politique.

Vous nous accusez de ne pas aimer la monarchie...
C'est le despotisme ministériel qui, pour nous, est
intolérable.

Nous ne voulons point de votre oligarchie

ayant pour chef un roi placé sous la tutelle sa‑
cerdotale.

Pour nous, la monarchie, l'unité, l'indivisibi‑
lité, l'hérédité du pouvoir royal est le premier
chaînon de notre organisation politique.

Vous voulez la monarchie à la façon de Rome
et de Coblentz; pour nous, nous la voulons grande
et forte, parce qu'elle est le bien de tous, la
sauve-garde de nos personnes et de nos pro‑
priétés; nous la voulons telle que la charte l'a faite,
fondée sur l'égalité des droits, telle que nous avons
juré de la défendre, telle que vous l'avez juré vous‑
même.

Parlons franchement. La Charte est le prix du
combat; vainqueur, vous privez le trône de son
plus ferme appui; vous forcez la nation à cher‑
cher de nouvelles garanties de ses libertés; pour
nous, la victoire, c'est la conservation du trône
et des libertés qui en sont inséparables : nous
voulons la charte sans révolution, ni contre-révo‑
lution; prince, vous le savez bien.

D'où vient la crise actuelle? de votre obstination
à maintenir le despotisme administratif. tel que
Richelieu l'a conçu, que Bonaparte nous l'a légué,
tel que M. de Villèle l'a exercé. Vaincu en 1827,
il veut aujourd'hui reprendre. sa domination, pa‑
ralyser de nouveau les pouvoirs politiques, atta‑
quer leur indépendance, rompre l'équilibre qui
existe entr'eux : ce qui est l'âme et la vie du
gouvernement représentatif.

Jamais question ne fut plus claire.

ÉLECTEURS,

M. de Polignac vous demande des députés qui

partagent sa haine contre nos libertés; sur lesquels
il puisse obtenir l'ascendant que M. de Villèle
exerçait sur la majorité de la Chambre de 1824;
qui lui livrent la presse et une nouvelle loi d'élec-
tion conçue de manière à obtenir enfin cette
Chambre introuvable destinée à proscrire toutes
nos libertés comme des concessions du bon plai-
sir, et à révoquer la Charte comme un acte de
rebellion.

Mais la France, qui veut la Charte, qui veut que
toutes les infractions faites à ce pacte social soient
réparées, qui veut que toutes les libertés qu'il a pro-
mises soient assurées et garanties, qui veut que
les représentans de trente millions d'hommes n'ou-
blient jamais qu'ils sont un des pouvoirs de l'état,
vous demande des députés fidèles à leurs sermens,
comme les 221 du dix-neuf mars, des députés
également attachés au roi et à la patrie, et qui
leur donnent la plus grande preuve de leur
dévouement en assurant le triomphe de la
CHARTE.

9 782019 655150